n° 2/ 16867.

A
MON AMI EMPEREUR,

EX-MAIRE D'ORSAY.

Jusques à quand, mon ami Empereur, abuserez-vous de notre patience et de notre bonne foi! Jusques à quand, enfin, vous moquerez-vous des honnêtes gens et des gens honnêtes!!!

PARIS.

SEPTEMBRE 1831.

A

MON AMI EMPEREUR,

EX-MAIRE D'ORSAY.

Vous êtes vexé, mon ami Empereur, que *le Vigilant* (journal de Seine-et-Oise) vous ait lancé quelques lardons, à propos d'un procès où j'ai été condamné à cent francs d'amende et aux dépens, et qui, soit dit en passant, est bien plus votre procès que le mien.

Vous vous proposiez d'adresser au gérant de ce journal l'élucubration que vous m'avez fait remettre hier 19 septembre seulement, quoiqu'elle fût datée du 20 août dernier (il y a si loin de Courtabœuf au Grand-Vivier ! c'est probablement le trajet qui est cause qu'elle ne m'est parvenue qu'à un mois de date, *et un jour après les élections communales*).

Vous vous proposiez d'adresser cette réponse au journaliste, mais vous redoutez, dites-vous, l'ironie et le persiflage de cet espiègle; et puis, en homme de cœur, vous avez préféré, *pour la première fois de votre vie*, paraître au grand jour, et en appeler à l'opinion publique.

Votre lettre, mon ami Empereur, mérite bien une

réponse; c'est donc moi qui vous la ferai : pas plus que vous, je ne veux m'adresser aux journalistes, ce sont d'ailleurs des farceurs qui finiraient par nous brouiller ; ces gens-là, comme vous l'observez fort judicieusement, vous font dire ce que, pour tout au monde, vous voudriez cacher ; ils vous jettent à la tête de ces vérités qui vous déshabillent un homme bien boutonné, et vous le mettent nu comme la main ; en un mot, mon ami Empereur, ils ne valent pas le diable ; et tout bien considéré, bien pesé, je préfère vous répondre directement, je le ferai de mon mieux. Au surplus, pour utiliser encore une fois votre épigraphe, je m'écrierai : *Fais ce que dois, advienne que pourra !!*

Voici ma réponse :

A Dieu ne plaise, mon ami Empereur, que je veuille vous faire renoncer à vos principes moraux ou politiques ; ils sont les vôtres, gardez-les : je veux encore moins vous enlever à vos regrets, à vos affections. La France, en général, et ceux qui vous connaissent, savent qu'avec de pareils principes, de tels regrets, et d'aussi douces affections, il n'y a pas d'eau à boire.

Le citoyen revêtu d'un caractère public doit, dites-vous, désirer la lumière, et toujours être disposé à montrer ses actes. Oui, mon ami Empereur ; mais quand ce citoyen met le boisseau sur la lumière ! qui diable sera assez malin pour y voir et juger ?

Vous faites l'éloge de votre administration. A vous entendre, mon ami Empereur, rien ne fut plus doux, plus paternel, plus régulier que ces quinze années d'administration ! Voilà, parbleu ! un trait de modestie qui vous appartient en toute propriété, je me garderai bien de vous l'enlever ; seulement, j'observerai en passant que vos anciens administrés ne partagent pas entièrement votre opinion sur ce point ; car dimanche dernier, jour des élections communales, ils ne vous ont pas même cru propre à faire un bon conseiller municipal. Au premier tour de scrutin vous avez obtenu vingt-sept suffrages sur soixante-treize ; au second, vous en avez eu cinq, et il paraît à peu près certain que s'il y avait eu un troisième scrutin, vous n'eussiez rien obtenu du tout. Preuve évidente, mon ami Empereur, que vos quinze années d'administration n'ont pas été l'âge d'or de la commune d'Orsay. Mais que voulez-vous? ce sont des ingrats, oui, des ingrats !

Vous subissez ici le sort de nos grands hommes d'État, et si on peut comparer les toutes petites choses aux grandes, vous voilà..... enfoncé comme un président du conseil ou une notabilité parlementaire. Ah mon ami Empereur !

Vous dites qu'au moment de la révolution de juillet, vous avez donné votre démission de maire. Vous aviez compris que votre qualité d'henriquinquiste allait rendre vos fonctions délicates et difficiles. Vous avez sagement et très prudemment agi, mon ami Empereur ; aussi la nature ne vous a pas épargné le nez : elle vous l'a donné long ; et comme tous les henriquinquistes en ont eu un pied de plus, après les journées de juillet, vous avez dû obtenir le même avantage, et voir d'autant plus clair à cette affaire.

Arrivons maintenant au procès qui m'a valu, à moi,

cent francs d'amende et des dépens, et à vous, mon ami Empereur, les lardons du journaliste de Versailles.

En apparence, vous en êtes quitte à meilleur marché que moi; cependant, de compte fait, je préfère ma part à la vôtre. Vous avez été mis en cause parce qu'il y avait de la lâcheté de votre part à vouloir vous tenir derrière le rideau, et à me porter cette nouvelle botte sans risque ni péril. Toute la commune d'Orsay, tous ceux qui vous connaissent, savent que c'est d'après vos instances et vos instigations que votre Sosie s'est décidé à porter plainte; que c'est à vous seul, mon ami Empereur, que je dois ce procès. Vous deviez donc être payé comme vous le méritiez.

Mon avocat a montré ce que vous étiez; il a prouvé que l'intrigue était votre élément, que c'était dans l'ombre que vous aimiez à frapper; et le stigmate qu'il a attaché sur votre front ferait honneur à un vétéran du barreau.

Vous dites que cet avocat ne vous connaît pas! grande est votre erreur, mon ami Empereur; car, à qui ne vous êtes-vous pas fait connaître? Et puis, ces avocats, ils ont le diable au corps; ils vous dépistent un tartufe, un henriquinquiste d'une manière si adroite, qu'en vérité il faut être sorcier pour leur échapper : or, si vous êtes henriquinquiste et tartufe, mon ami Empereur, vous ne pouvez être sorcier.

Revenons un instant à votre grade de capitaine dans la garde nationale d'Orsay, et parlons un peu de votre fameuse lettre au sergent-major.

Tout le monde ne pouvait être dans votre secret : cela se conçoit ; aussi cherchez-vous à tirer de cette bienheureuse lettre un parti merveilleux. Mais, mon ami Empereur, votre manœuvre est encore en défaut, et toutes les ressources d'Escobard ne vous tireront pas de ce petit bourbier.

Je m'explique :

Il est de notoriété, à Orsay, que vous êtes avide de pouvoir et de domination ; n'en fût-il plus au monde, il vous en faut. Or, déchu de votre pouvoir municipal, il vous fallait le commandement supérieur de la garde nationale. Qu'avez-vous fait pour l'obtenir ? *Rien directement !* Parbleu, je le crois ; vous tenez trop à votre long nez pour vous en brûler tant soit peu à la chandelle ; mais ce sont vos deux ou trois notables qui ont travaillé à votre instigation et dans votre intérêt, bien entendu ; aussi vous ont-ils procuré les vingt-sept suffrages que vous aviez encore le 18 de ce mois : ce fut le *nec plus ultrà* de leurs efforts.

On connaissait votre lettre au sergent-major ; on savait par expérience qu'une garde à monter, comme simple soldat, n'était pas chose fort agréable pour vous ; aussi demandiez-vous à ne plus faire le service, et donniez-vous votre âge pour raison. Mais....., mon ami Empereur, si on vous eût nommé capitaine ?..... Oh ! alors, les gardes devenaient plus douces à monter, et puis un commandement supérieur..... cela vous allait si bien ! On n'eût plus parlé de la lettre, vous auriez pris sans bruit vos épaulettes, *et notre drapeau tricolore*

eût été tout surpris de se retrouver en votre com-
pagnie.

Ce petit tour d'Escobard n'est pas mal ; j'avoue, mon ami Empereur, qu'il y avait de l'habileté dans cette manœuvre ; et, Dieu me pardonne, notre ancien ami Villèle vous eût envié celui-là.

Mais venir nous dire aujourd'hui que vous ne vouliez pas du commandement de la garde nationale, voilà de la bêtise ! passez-moi le mot : ceci n'est pas digne de vous.

Vous reprochez aux citoyens d'Orsay de s'être opposés à votre nomination par des élections préparatoires et des manœuvres que vous qualifiez fort impertinemment de honteuses.

Ils ont bien fait ; car aussi bon capitaine que vous vous étiez montré bon administrateur, vous n'eussiez pas manqué de disloquer la pauvre garde nationale, et d'introduire la perturbation là où l'union et la concorde n'ont pas cessé de régner.

Vous vous étonnez du nombre de voix que vous avez eu, et vous saisissez cette occasion pour en remercier la population entière d'Orsay ; vous allez même jusqu'à attribuer ce succès à la sollicitude que vous avez montrée pour les malheureux, pendant l'hiver de 1830. En vérité, mon ami Empereur, vous divaguez ; dites-moi si votre conduite, dans cette circonstance, a été au-dessus de celle du bureau de bienfaisance dont j'ai eu l'honneur de faire partie ; dites-moi si les soins de ce bureau de bienfaisance, présidé par notre respectable curé, n'ont pas été plus chaleureux que les vôtres. Mais la vanité vous aveugle à un tel point, que vous commencez par prendre la plus grande part de l'éloge que mérite, selon vous, cet acte si simple de charité publique, et distribuez ensuite le reste des louanges entre notre généreux pasteur et ses ouailles.

Quand la main droite fait l'aumône, la gauche doit l'ignorer. Voilà, mon ami Empereur, une maxime tout évangélique ; vous ne deviez pas la méconnaître, vous surtout qui, depuis si long-temps, fréquentez notre temple, et qui, pendant quinze ans, avez tendu le bec à l'encensoir. Enfin il faut plus d'humilité et plus de simplicité que vous n'en montrez, et je ne cesserai de vous recommander la pratique de ces deux vertus qui vous manquent essentiellement.

Je ne relèverai pas ici le récit dégoûtant que vous faites, dans votre élucubration, du banquet que s'est donné la garde nationale d'Orsay chez son capitaine.

Ce sale passage de votre épître fera l'objet d'un petit compte que vous aurez à régler avec le corps entier de la garde nationale.

Il me suffira de déclarer qu'il a été constaté, *à la suite d'une enquête ordonnée par le préfet,* que le rapport fait à ce sujet au premier magistrat du département a été reconnu faux et calomnieux *dans toutes ses parties.*

Je m'abstiens donc de disculper la garde nationale d'Orsay, qui n'en a pas besoin, pour ne m'occuper que de ce qui m'est personnel.

Je répéterai que mon avocat vous connaissant tout

aussi bien que moi, il a pu dire ce qu'il savait sur votre compte.

Quant à l'intention que vous lui supposez, d'avoir voulu vous signaler à la vengeance populaire, au meurtre et à l'incendie, en vous attribuant un nom que vous reconnaissez vous-même être de nécessité aujourd'hui, mais sans application, je réponds qu'une telle intention, par la raison qu'elle serait atroce, ne peut avoir été celle du brave et généreux jeune homme qui prit ma défense, et que la lui supposer, ou me la prêter à moi-même, est une infamie digne de mon ami Empereur.

J'ajouterai que si mon avocat eût laissé entrevoir une pareille intention dans sa plaidoirie, le tribunal n'eût pas manqué de lui interdire la parole, ou de l'inviter à être plus circonspect dans sa défense. Le tribunal ne l'a pas fait, donc l'intention ne peut lui être imputée; donc l'insinuation de mon ami Empereur est une perfidie.

Cette animosité, dites-vous encore, s'est étendue jusque sur la personne d'un respectable père de famille, vieux et noble débris échappé aux glaces de la Moscovie. Vous parlez d'un témoin dont, certes, je respecte le caractère et la situation; mais enfin ce témoin déposait contre moi, et mon avocat était dans son droit quand il discutait le degré de confiance que le tribunal et l'auditoire devaient accorder à sa déposition.

Au surplus, mon ami Empereur, si, ce qu'à Dieu ne plaise, il vous arrivait, à cause de vos opinions, quelque mauvaise aventure (car pour le martyre n'y comptez pas), ne vous en prenez ni à moi, ni à mon avocat, mais bien à votre belle épître, où vous étalez un luxe de principes et de doctrines qui fait pouffer de rire : soit dit sans vous offenser.

Vous allez chercher trop loin les motifs de ce que vous appelez ma conduite envers vous. Vous auriez pu les trouver dans votre propre cœur. Comme vous, je vais être contraint de remonter à l'époque de nos premières relations, pour expliquer ce que vous n'expliquez pas, et proclamer ce que vous ne dites pas. Tant pis pour vous, si, après m'avoir appelé sur ce terrain, vous vous trouvez réduit à vous pincer les lèvres.

En 1815, lors de la deuxième invasion, vous prétendez avoir obtenu par l'entremise du général Dessolles, que vous connaissiez, deux sauvegardes ; et votre premier soin, dites-vous, fut de m'en amener un pour me préserver du pillage.....

Je me rappelle très bien vous avoir vu, vous, votre sauvegarde, mais..... après le pillage de ma maison. Je n'en ai pas moins été sensible à votre procédé, aussi j'ai dû vous en remercier.

Vers la fin de la même année, ajoutez-vous, je serais allé vous trouver la veille d'une foire en Beauce, pour vous demander..... quoi donc ? je vais vous le dire, mon ami Empereur ; car si votre mémoire est infidèle j'ai des livres qui pourront l'aider, et prouver à nos amis communs que si vous prêtiez de l'argent à cette époque, vous n'étiez pas fort exact à payer ce que vous deviez.

Je vois sur ces livres un compte ouvert *le 1er septembre* 1813, et qui vous constitue mon débiteur, pour fournitures diverses, de 879 fr. 25 c.; ce compte n'a été soldé qu'un an après, le 30 octobre 1814.

Je vois en outre, sur ces mêmes livres, un compte de fournitures faites de compte à demi, entre vous et moi, aux troupes alliées. Ce compte, vous le savez, fut passablement long à régler ; toutefois, je vous dois la justice de dire que vous ne prîtes pas autant de temps pour le rendre que celui de la mairie, qu'on vous demanda inutilement pendant quatre ans au moins, et qu'enfin vous avez établi avec l'aide de notre ami Hauducœur et *mes propres notes.*

Il me revenait donc, par notre compte de société, 3,609 fr. pour ma moitié. Je me rappelle très bien vous avoir harcelé souvent pour obtenir cette somme; rien d'étonnant donc que je me sois présenté chez vous la veille d'une foire en Beauce; et c'est en effet le 1er novembre 1815 qu'elle m'a été payée par vous. Est-ce ainsi que vous prétendriez m'avoir obligé? ce serait, il faut en convenir, une singulière prétention que la vôtre! Quoi! vous voudriez passer pour avoir été mon créancier, lorsque vous ne fûtes jamais que mon débiteur!.... Oh! le drôle d'homme que mon ami Empereur!

Que penser de la fable que vous contez à vos lecteurs, relativement à la petite ferme de Courtabœuf?

Vous avez voulu acheter cette ferme pour vous! quoi ! pour vous ? En vérité, une pareille assertion me fait lever les épaules ! Ayez donc la franchise d'avouer que c'était pour le compte de M. de Barmont, votre ancien propriétaire.

C'est se moquer de vos lecteurs, en outre, que de leur donner à entendre que je sois allé chez vous pour vous tirer ce qu'on appelle les vers du nez. Vous êtes en effet un homme si facile à vous laisser pénétrer! je ne citerai qu'un seul fait entre mille pour le prouver : c'est la précaution que vous avez prise de soustraire à tous les regards, et pendant une nuit entière, le sieur Legras, lorsque vous avez voulu lui acheter la poste et l'auberge d'Orsay. Vous ne l'avez quitté, ce pauvre diable, qu'après l'acquisition faite de son manoir, et en vous écriant : *Pour celui-là, on ne me le soufflera pas!* Certes, mon ami Empereur, vous devez être satisfait de cette affaire-là, car il n'y a pas eu de concurrence de ma part ni d'aucun autre que je sache.

Vous parlez de procès qui auraient pu suivre l'acquisition de la petite ferme de Courtabœuf, si MM. Hauducœur et Pigeon père, dont l'esprit supérieur et le caractère conciliant me sont également connus, ne s'étaient interposés, comme arbitres, entre vous et moi.

D'abord, je déclare sur l'honneur que je n'ai jamais eu d'autre procès, *avec qui que ce soit,* que celui qui m'a été intenté en police correctionnelle par votre Sosie et d'après votre instigation. J'avouerai ensuite que si les bornes de la petite ferme de Courtabœuf avaient continué à voyager, après que nos amis communs MM. Pigeon et Hauducœur les eurent fait replacer, j'avouerai, dis-je, que j'aurais pu devenir processif, et m'adresser d'abord à vous qui étiez mon plus proche voisin, et paraissiez être le plus intéressé à les promener sur mes pièces de terre.

Dieu merci, nos bornes sont demeurées stationnaires ; elles apparaissent en ce moment comme un monument de concorde et de paix entre vous et moi.

Vous cherchez à insinuer dans l'esprit de vos lecteurs qu'après vous avoir enlevé la petite ferme de Courtabœuf, j'aurais fait des démarches près de votre propriétaire pour obtenir à bail la ferme du Grand-Courtabœuf ; voilà encore un de ces mensonges qui vous sont si familiers, une de ces calomnies que Basile vous envierait. Il y a plus : attribuer à un autre un pareil procédé, *sans en rapporter la preuve*, est une action aussi lâche que le procédé lui-même. Or, choisissez entre l'une et l'autre de ces actions ; vous avez commis l'une des deux.

Vous me supposez l'ambition de devenir maire de la commune d'Orsay, et vous priez Dieu que je ne rencontre jamais de Rabourdin qui me paient de ma sollicitude pour le bien public par *l'envie, la haine et la calomnie*.

Si pour être maire, il suffit d'avoir un cœur droit, des intentions pures, le désir sincère de faire le bien de ses administrés, et de jouir d'une réputation intacte sous toute espèce de rapports, j'ose le dire, je puis être maire, n'en déplaise à mon ami Empereur.

Je ne redoute pas, moi, les Rabourdin qui viendraient comme conseillers municipaux porter *l'investigation dans mes comptes, contrôler mes actions et mon administration*. De tels conseillers, selon moi, sont trop recommandables pour subir aucun parallèle avec certains autres, dont le servilisme rampant se prêtait à tous les caprices d'un despote, encourageait le dévergondage de ses idées, et favorisait des actes de vanité qui compromettaient à la fois le caractère dont il était revêtu et les intérêts de ses administrés.

Que parlez-vous *d'envie, de haine et de calomnie?* qu'ai-je à vous envier, mon ami Empereur? faites-moi le plaisir de me le dire!

Dans quel cœur la haine trouva-t-elle un asile plus vaste et plus sûr que dans le vôtre?

Quelle bouche distilla plus astucieusement la calomnie que la vôtre?

Gardez ces sentimens pour vous; ils sont depuis trop long-temps le mobile de toutes vos actions, et ne peuvent mourir qu'avec vous. Ne les léguez pas à ceux qui pour leur bonheur ne les ont jamais connus; gardez-les.

Gardez aussi, je le répète, vos opinions politiques, vos doctrines; elles ont produit les massacres de juillet, ne les prônez pas davantage, croyez-moi, et vivez en paix, si vous le pouvez, avec tout le monde.

Je crois avoir suffisamment répondu à votre belle épitre, je désire pour vous, mon ami Empereur, que vous ne me fournissiez pas le sujet d'une nouvelle lettre.

J'ai l'honneur de vous saluer,

RABOURDIN.

Du Grand-Vivier, le 19 septembre 1831.

DE L'IMPRIMERIE DE CRAPELET,
rue de Vaugirard, n° 9.